기독교 인간관

| 심동섭 지음 |

쿰란출판사

서문

최근 서울대학교 법대의 모 교수가 책을 내면서 기자와 인터뷰를 하였는데, 왜 공부를 하느냐는 질문에 대하여 인간에 대하여 알기 위함이라고 대답한 일이 있다. 인간이 무엇인가? 이것은 고래부터 철학자, 사상가, 예술가, 과학자, 종교인 등이 끊임없이 질문한 것이고 지금도 이 질문은 유효하다.

사람은 자신이 무엇이라고 규정짓느냐에 따라 달리 행동하게 될 것이다. 인도에는 아직도 카스트 제도가 유지되고 있는데, 가장 하류의 계층은 불가접촉 천민이다. 그 사람들과 접촉하는 것 자체가 사람을 불결하게 만든다는 생각에서 생겨난 이름이라고 한다. 카스트 제도에 갇혀 있는 사람은 자신의 현재의 신분이 전생의 업보에 의해 결정된다고 생각하기 때문에 도저히 그 굴레에서 벗어날 길이 없다. 그래서 불가접촉 천민의 자손으로 태어난 사람은 천민으로 행동하고 사고할 것이다. 그러나 브라만과 같은 귀족 계급은 귀족처럼 생각하고 행동할 것이다.

인간이 자신의 존재를 알 수 있는 방법 중 하나는 스스로 생각하여 탐구하는 것이고 계시적 종교 이외의 사고에서는 그렇게 접근하고 있다. 그러나 기독교는 인간은 하나님의 피조물이라고 말하고 창조주 하나님이 인간이 무엇인지를 말하고 있다고 믿는다.

성경은 인류 역사상 가장 많이 읽혀졌고, 여기에서는 하나님이 인간과 관계하면서 인간이 어떠한 존재인지를 말하고 있다. 인간이 스스로 자신과 우주를 생각하고 추론하는 것도 소중한 것이겠지만, 여기에는 한계가 있다. 누가 하늘에 올라가서 우주의 신비를 모두 밝힐 수 있으며 누가 땅 아래 내려가서 우주의 밑바닥을 모두 밝힐 수 있겠는가?

그래서 나는 오늘도 성경과 씨름하면서 사람이 무엇인가 하는 문제를 탐구한다. 이런 탐구의 결과는 인간이 자신을 소중하게 여김과 동시에 자기의 한계를 알게 해주기 때문에 겸손한 마음을 갖게 하고 결과적으로 삶을 더욱 풍부하게 하고 또한 의미 있게 만든다고 믿는다. 이 소책자가 인간이 무엇인가, 특히 성경에서 그 답을 찾고자 하는 사람에게 조그마한 도움이라도 되었으면 그것은 나에게는 전능하신 하나님께서 나를 긍휼히 여기시고 또한 나와 관계하고 있다는 증거가 될 것이다.

2014년 9월 1일

심 동 섭

목차

제1장
인간관 이해의 중요성

사람이 자신과 이웃에 대하여 어떠한 이해를 가지느냐는 그 사람의 행동에 중대한 영향을 미친다. 사람이 원시적인 미생물로부터 진화하였다고 믿는 사람은 아무래도 쾌락주의, 향락주의, 염세주의적 세계관에 빠지기 쉽고, 사람이 하나님에 의하여 창조되었다고 생각하는 사람은 그 창조주와 관계하여 자신의 존재 의미를 찾고 현재의 삶을 그렇게 결정지을 것이다.

그런데 사람이 자신의 존재를 알기 위해 우주와 인간의 모든 것을 다 알아야 한다면 우리 가운데 아무리 지식이

탁월한 사람이라도 자기 생애에 그와 같은 목표를 달성할 수 없을 것이다. 그래서 우리는 여러 가지 지식 가운데 인간 이해를 위한 지식에 중점을 두고 정리해 나가야 어느 정도 이해가 가능할 것이다. 이렇게 정리해 나가는 데에는 선택과 집중을 해야 한다. 인간관은 인간 이해의 선택과 집중에 관한 원리를 우리에게 제시해준다고 말할 수 있다.

성경에서 말하는 인간관에 대하여 다 함께 접근해보자.

1. 눈은 마음의 등불: 마태복음 6장 19-24절을 주의 깊게 읽고 다음 질문에 대답해 보자.

(1) 본문에 나오는 두 종류의 사람에 대해 설명해 보라. 보물을 땅에 쌓아 둔다는 것과 하늘에 쌓아 둔다는 것의 의미는 각각 무엇인가?

(2) 사람들이 보물을 땅에 쌓아 두는 것은 무엇에 더 가치를 두기 때문인가? 그들의 종국적 소망은 무엇인가?

(3) 예수님은 보물을 땅에 쌓아 두는 사람은 결국 눈이 성하지 못한 사람이라고 말씀하신다. 그 사람의 눈이 성하지 못한 이유는 마땅히 보아야 할 것을 보지 못하기 때문이다. 그들이 무엇을 보지 못하고 있는지 인간관과 관련하여 생각해보자.

(4) 지금 당신은 보물을 땅에 쌓아 두고 있는가? 아니면 하늘에 쌓아 두고 있는가? 스스로 물어 보면서 대답해 보자.

2. 오늘날 눈부시게 발전한 자연과학이 인간을 이롭게 하고 있는 점은 우리가 무시할 수 없다. 그러나 자연과학도 한계가 있고 그것으로 답해줄 수 없는 문제가 여전히 산적해 있고, 앞으로도 그럴 것이다. 그럼에도 불구하고 오늘날 과학적인 방법만이 절대적이라고 여기는 경향이 있고, 이러한 경향에 선 사람들은 인간이 미생물에서 발전하고 고등동물로 진화하였다는 진화론을 절대 변할 수 없는 과학적 진리로 믿고 있다. 그러나 정직한 과학자들은 진화론은 증명되지 않은 하나의 가설에 불과하다고 말한다.

(1) 그럼에도 불구하고 많은 사람들이 진화론에 열광하는 이유는 무엇이라고 생각하는가?(참조: 로마서 1장 20-21절, 시편 14편 1-3절)

(2) 마음에 하나님을 두기 싫어하는 사람들의 행동은 어떻게 타락하는지 로마서 1장 21-32절을 읽고 추적해 보자.

3. '눈은 마음의 등불'이라고 하신 예수님의 말씀은 오감 중의 하나인 시각을 말하는 것이 아니라 우리가 사물을 보는 시각(다른 말로 관(觀))을 말한다고 할 수 있다. 우리가 바른 시각을 가지기 위하여 어떠한 노력을 해야 할지에 대하여 알아 보자.

(1) 시편 119편 105-106절

(2) 에베소서 1장 16-18절

(3) 당신은 올바른 인간관을 가지기 위하여 얼마나 성경을 읽고 사랑하는지, 또한 이를 위하여 열정적으로 기도하고 있는지 스스로 물어 보자.

제2장
사람의 창조

1859년 다윈은 우리에게는 《종의 기원》이라는 제목으로 알려진 《자연 선택에 의한 종의 기원》이라는 책을 발간하여 유럽 세계를 뒤흔들어 놓았다. 그 책이 발간되기 이전에 세계사는 이미 신을 중심으로 사고하는 신본주의를 벗어나 사람을 중심으로 삼는 인본주의 시대로 접어들었고, 다윈의 진화론은 이러한 시대의 조류에 딱 맞아떨어지기 때문에 급물살을 타고 퍼져나갔다.

이로써 성경이 말하는 창조론은 결정적 타격을 받았고, 오늘날에도 중고등학교 교과서에는 창조론은 들어갈 자리가 없거나 매우 협소하다. 창조론을 주장하면 이성적이고 합리적인 인간이고 진화론을 말하면 비이성적이고 비합리적인 사람으로 평가받는다.

과연 그럴까? 필자는 과학자가 아니어서 그 세계는 잘 알지 못하지만 정직한 과학자라면 진화론 역시 증명이 되지 않은 과학적 가설에 불과함을 인정하고 있다. 그럼에도 이것을 마치 증명이 되어 확고부동한 진리인 것처럼 주장하는 사람은 그의 내심에 다른 의도가 있으리라!

1. 사람이 흙에서부터 미생물, 고등동물, 다시 사람으로 진화되었다는 진화론에 대하여 알고 있는 것을 말해 보고, 이 진화론적 사고가 현대 사회에 어떠한 영향을 미치고 있는지 토론해 보자.

2. 유신론적 진화론은 창조주 하나님을 믿으면서도 하나님이 인간을 창조하실 때에 진화론적 방법을 사용하였다는 주장을 펴고 있고 현대 과학의 발전과 성경을 조화있게 해석하려는 시도로 긍정적인 면이 있다. 성경은 인간의 창조를 어떻게 말하고 있는지에 대하여 알아 보자. 먼저 창세기 1장 24-31절, 2장 7절을 주의 깊게 읽어 보자.

(1) 사람의 창조 과정이 다른 동물의 창조 과정과 어떻게 다른지 비교하여 설명해 보자.

- 동물의 창조: 1:24-25, 2:19

- 사람의 창조: 1:26-27, 2:7

(2) 동물은 그 종류대로 창조되었지만, 인간은 무엇을 따라 지음을 받았는가? (1:24, 27)

(3) 하나님은 인간에게 어떠한 사명을 부여하셨는가? (1:27-28)

(4) 하나님이 인간을 창조하신 궁극적인 목적은 무엇인가? (1:31, 참조 사 43:7)

3. 하나님은 사람을 하나님의 형상을 따라 지으셨고, 또한 인간에게는 하나님이 창조하신 우주 세계를 관리할 책임과 권한을 부여하셨다. 그러므로 인간은 하나님이 창조한 세계에서 가장 고귀한 존재이다. 인간의 이런 존귀함에 대하여 성경은 어떻게 말하고 있는가? (시 8:4-8)

4. 현대인들은 기독교를 신앙하면 신에게 예속되어 인간의 자유가 속박되고, 그만큼 불행해진다고 생각하여 기독교를 기피하는 경향이 있다. 그러나 이러한 인간상은 인간에게 진정한 자유를 가져온다기보다는 자기만 아는 이기주의적인 인간을 낳고 있고 결과적으로 인간을 황폐하게 한다. 이러한 인간상은 사람들로 하여금 탐욕을 자유로 착각하게 만들고 끝없이 자기의 욕망을 채우

는 존재로 전락시키기 때문이다. 창조론적 인간관이 어떻게 인간에게 참된 자유를 줄 수 있는지 지금까지 배운 것을 토대로 토론해 보자.

제3장

사람의 사명

진화론적 사고에 갇힌 사람들은 사람의 사명을 찾기 힘들 것이다. 왜냐하면 사람은 수없는 우연의 결과에 의하여 생겨났고, 그 우연 속에서 삶의 목적을 찾는다는 것은 맹목적인 생존과 쾌락 외에는 추구할 여지가 없기 때문이다. 진화론적 사고는 보이지 않는 세계보다 보이는 세계에서의 경험을 더 중요시하기 때문에 획기적인 과학기술의 발전을 가져오는 데 큰 기여를 하였지만, 인간에게 참다운 목적의식을 주지 못하고 결국 인간을 목적으로 대하기보다는 수단으로 대하는 결과를 가져왔다.

우리나라가 경제와 민주 발전을 이루었지만, 세계 최고의 자살률을 기록하고 있는 것도 그와 같은 무목적성의 산물이 아닌가! 인간은 자신을 창조한 하나님과의 관계성에 들어올 때에 자신의 존재 의미를 찾을 수 있고, 그 안에서 참다운 행복을 누릴 수 있다. 성경은 사람의 사명에 대하여 어떻게 말하고 있는지 알아 보자.

1. 창세기 1장 26-31절, 2장 4-15절을 주의 깊게 읽고 다음의 물음에 답해 보자.

(1) 하나님께서 인간을 창조하신 구체적인 의도는 무엇이라고 말하고 있는가? (1:26) 다스림의 대상에 대하여 구체적으로 적어 보자.

(2) 하나님은 인간에게 구체적으로 어떻게 다스릴 것을 명령하고 계신지 각 단어의 의미를 생각하면서 알아보자. (1:28)

(3) 다스린다는 것은 다양하고 충돌되기 쉬운 것을 조화 있게 만들어간다는 뜻(예를 들자면 나라를 다스리는 사람은 나라 안의 다양한 이해관계를 조화시켜 공동의 선을 만들어감)이고, 정복한다는 것은 상대방의 의지에 반하여 자신의 뜻을 관철시킨다는 의미이다. 그러나 이것은 결코 착취를 의미하지 않는다. 2장 15절에서는 다스리고 정복한다는 의미를 구체적으로 어떻게 표현하고 있는가?

(4) 2장 5-6절을 읽고 처음 에덴동산은 어떠한 상태였는지를 설명해 보자. 2장 15절에서 하나님께서 사람을 에덴동산으로 이끌어 지키게 하셨다면 사람의 보살핌이 필요가 없는 완전한 동산이 아니었음을 알 수 있다. 그렇다면 사람은 자연에 대하여 어떠한 태도를 가져야 할지에 대하여 토론해 보자.

(5) 아프리카 어떤 부족은 땅이 신이라고 생각하여 땅을 경작하는 것은 신에게 고통을 주는 일이라 믿기 때문에 경작을 회피하고 고작 사냥과 채집을 유일한 경제활동으로 삼고 있기 때문에 가난할 수밖에 없다. 현대의 환경보호론자 중에서도 마치 자연을 신으로 생각하여 개발 자체를 기피하는 경향이 있으나 이것도 잘못되었다. 그러나 우리는 자연을 이용 대상으로만 생각하고 착취하는 것도 반대한다. 지금까지 배운 것을 토대로 사람이 자연을 어떻게 이용하고 가꾸어야 할지에 대하여 토론해 보자.

3. 로마서 12장 3-9절을 읽어 보자.

(1) 하나님께서는 왜 각자에게 다른 은사를 주셨는가? (12:5)

(2) 각자의 은사를 어떻게 사용해야 하는가? (12:9)

(3) 여러분 각자는 다른 사람에 비하여 어떠한 은사를 가졌다고 생각하는가? 또 그 은사를 계발하기 위하여 어떠한 노력을 하고 있는지에 대하여 나누어 보자.

제4장

남자와 여자의 창조

사람은 혼자서 고립되어 살 수는 없다. 사람은 사람들과 함께 살아야 사람으로서 살아갈 수 있고, 우리는 이것을 사회성이라고 한다. 성경에는 하나님께서 사람을 자기의 형상에 따라 창조하시되, 남자와 여자로 창조하셨다고 기록되어 있는데, 이것은 사회의 가장 기초 단위가 부부관계 즉 가정임을 말하고 있다.

그러나 인류의 역사를 보면 남녀관계가 남성의 여성에 대한 우위로 왜곡되었고, 여자도 남자와 동등하다는 사상이 실질적으로 사회를 지배하기 시작한 것은 얼마 되지 않는다. 또 현대에는 여성의 권리를 너무 강조한 페미니즘이 남성들의 반발을 불러일으키기도 한다. 이러한 모든 것은 사랑하기보다는 지배하려고 하는 죄로 인해 왜곡된 인간의 마음에서 비롯된 것임을 알아야 한다.

1. 창세기 1장 26-28절, 2장 18-25절을 주의 깊게 읽고 다음의 물음에 답해 보자.

(1) 2장 18절에서 하나님은 사람이 혼자 사는 것이 좋지 않다고 말씀하신다. 혼자서 사는 것이 왜 좋지 않다고 말씀하시는지에 대하여 생각하고 토론해 보자. (참조 1:28)

(2) 하나님께서 여자를 창조하신 목적이 무엇인가? (2:18) 여기서 '돕는다'는 무엇을 돕는다는 의미인가? (참조 1:26, 28)

(3) 하나님은 아담에게 여자를 창조해주시기 전에 그에게 무슨 임무를 맡기시는가? (2:19-20) 여자를 아담에게 데리고 오기 전에 그와 같은 임무를 부여하시는 이유는 무엇이라고 생각하는가? 돕는 배필이 없는 아담이 겪었던 경험에 대하여 토론해 보자.

(4) 하나님은 여자를 어떻게 창조하시는가? (2:21-22) 하나님이 여자를 그와 같은 과정으로 창조하신 이유를 돕는 배필과 연관하여 토론해 보자.

(5) 돕는 배필 즉 여자에 대한 아담의 반응은 어떠한가? (2:23) 또한 여자의 반응은 어떠한가? (2:25)

(6) 앞에서 공부한 것을 토대로 결혼생활의 목적이 어디에 있는지 다시 한 번 토론해 보자. (2:24, 참조 1:26, 28)

2. 남자와 여자는 인격적으로 동등한 존재이다. 그럼에도 불구하고 남자와 여자는 분명한 차이가 있고, 이런

차이는 잘못 이해되면 힘이 센 배우자가 힘이 약한 상대방을 지배하려는 관계로 나타난다 (예: 극단적 남성 우위 사회, 또는 그 반대인 모계 사회). 이러한 남자와 여자의 차이를 어떻게 이해하고 참된 부부관계를 회복해야 할지에 대하여 알아 보자.

(1) 남성과 여성은 신체적, 정서적으로 어떠한 차이가 있는지에 대하여 토론해 보자.

(2) 인간의 죄로 인하여 부부관계가 어떻게 타락하였는지 설명해 보자. (참조 창 3:16)

(3) 에베소서 5장 22-33절을 읽고 부부관계가 그리스도 예수 안에서 어떻게 회복되어야 하는지에 대하여 토론해 보자.

· 아내는

· 남편은

· 부부는

3. 오늘날 사람들은 자신의 권리를 주장하면서 남성우월주의 또는 여성우월주의로 빠지는 경향이 있다. 앞에서 배운 내용을 통하여 이런 편견을 어떻게 극복할 수 있는지에 대하여 토론해 보자.

제5장

하나님의 형상

인간의 창조에 있어서 가장 중요한 것은 사람은 하나님의 형상을 따라 창조되었다는 점이다. 이 하나님의 형상이야말로 인간을 다른 동물이나 피조물, 심지어는 천사와도 구분 짓는 중요한 개념이다.

네덜란드의 저명한 신학자 헤르만 바빙크는 하나님의 형상에 대하여 이렇게 말하였다. "온 세상이 하나님의 계시, 하나님의 덕과 완전하심의 거울이다. 모든 피조물에는 각자 자기 나름대로의 방식과 기준에 따라 하나님의 생각이 구체화된다. 그러나 모든 피조물 가운데 오직 인간만이 하나님의 형상, 하나님의 가장 높고 풍성한 계시이며 따라서 하나님이 창조하신 온 세계의 머리이고 면류관이다."

1. 창세기 1장 26-28절을 주의 깊게 여러 번 읽어 보자.

(1) 하나님은 인간을 창조하실 때에 누구와 의논하시는가? (참조: 여기서 '우리'에는 천사가 포함되지 않음을 유념하자.)

(2) 사람은 누구의 형상과 모양대로 창조되었는가? 여기서 하나님의 형상과 모양을 인간이 다른 무기물질, 식물, 동물들과 구별되는 점과 비교하여 생각해 보자. 또한 형상과 모양대로 창조하였다는 것은 원 모형과 일치한 것은 아님을 뜻할 수도 있다. 원 모형이신 하나님과 다른 점은 무엇인지도 토론해 보자.

· 다른 피조물과 다른 점

· 원형인 하나님과 다른 점

(3) 하나님의 형상으로 창조된 인간에게는 어떠한 복(임무와 권한)이 주어졌는가? 이것을 기초로 다른 피조물과의 관계와 하나님과의 관계에 대하여 토론해 보자.

· 다른 피조물과의 관계

· 하나님과의 관계

(4) 창세기 5장 1-3절은 아담과 하와뿐만 아니라 그들의 후손 모두 하나님의 형상과 모양을 가진 존재임을 밝힌다. 이것으로써 결혼과 자녀의 출산에 대하여 우리가 어떠한 생각을 가져야 할지에 대해 토론해 보자.

2. 시편 8편 4-8절을 읽어 보자.

(1) 하나님은 사람을 얼마나 존귀하게 여기고 계신가?

(2) 당신은 가족과 이웃을 얼마나 존귀하게 여기고 있는가? 우리가 그와 같이 이웃을 존귀하게 여길 이유에 대하여 토론해 보자.

3. 만일 우리가 이웃을 존귀하게 여기지 않고 범죄하면 궁극적으로 누구에게 어떠한 죄를 짓게 되는지 다음 성경 구절을 통하여 확인해 보자.

· 창세기 9장 5-7절

· 야고보서 3장 8-10절

4. 예수님은 네 이웃을 네 몸과 같이 사랑하라, 남에게 대접을 받고자 하는 대로 남을 대접하라고 가르쳤다. 하나님의 형상과 모양이라는 개념이 예수님의 그와 같은 고귀한 가르침을 어떻게 뒷받침하고 있는지에 대하여 토론해 보자. 다시 말해서 우리는 왜 이웃을 그와 같이 사랑해야 하는가에 대하여 토론해 보자.

제6장
하나님의 형상과 예수님

제5장에서 인간은 하나님의 형상을 따라 지음을 받은 고귀한 존재라는 사실을 배웠다. 그러나 하나님의 형상이라는 개념을 아무리 잘 설명한다 하더라도 어쩐지 우리에게는 낯설고 모호하고 무엇을 뜻하는지 손에 잡히지 않는다는 것도 솔직한 고백이다.

하나님의 형상이라는 말은 하나님이 사람의 외형을 가지고 있다는 말은 분명 아닐 것이다. 하나님은 우주를 창조하신 분이시기 때문에 우주 안에 갇힐 수 없는 분이고 따라서 어떠한 물질적인 외관을 가지고 있다고 말할 수는 없다. 그래서 하나님의 형상이라는 개념은 잘못하면 매우 추상적인 개념으로 오해되어질 수 있다. 그러나 하나님은 예수님을 우리에게 보내주심으로써 우리가 하나님의 형상을 구체적으로 이해할 수 있도록 해주셨다. 그러므로 예수님을 공부하면 하나님의 형상이 드러난다.

1. 요한복음 14장 6-14절을 주의 깊게 읽어 보자.

(1) 14장 8절에서 빌립은 예수님에게 “주여, 우리에게 아버지를 보여 주옵소서. 그리하면 족하겠나이다”라고 요청한다. 이 말은 우리에게 하나님을 보여 주시면 하나님도 예수님도 믿을 수 있겠다는 말이다. 여러분은 빌립과 같은 궁금증을 가지고 있지 않은가? 그러나 예수님이 하나님을 보여 준다고 하더라도 여러분은 그 하나님을 알아볼 수 있는 시각과 지각을 가졌다고 생각하는가?

(2) 하나님을 보여 달라는 빌립의 요청에 대한 예수님의 답변은 무엇인가? (14:6-9)

(3) 그렇다면 우리는 하나님을 어떻게 알 수 있는가? (14:10-12, 특히 10절 후반부를 주목하라.)

(4) 그와 같이 예수님의 가르침을 받아들이는 사람에게는 어떠한 축복(또는 경험)이 주어지는가?(14:12-14) 이러한 축복(또는 경험)은 우리가 하나님을 알고 확신하는 데에 어떠한 도움을 주는지에 대하여 토론해 보자.

2. 빌립보서 2장 5-11절을 자세히 읽어 보자.

(1) 예수님과 하나님의 관계는 어떠한가? (2:6)

(2) 예수님은 하나님께 어떻게 복종하시는가? 예수님이 그와 같이 하나님께 복종하시는 이유는 무엇이라고 생각하는가? (2:7-8)

(3) 하나님은 예수님의 그와 같은 복종에 대해 어떻게 예수님을 높이시는가? (2:9-11)

(4) 그러한 예수님의 모습에서 하나님의 형상을 찾아보라. 또한 우리가 하나님을 알기 위해서 어떻게 해야 하는가? 따라서 우리는 하나님은 ________________라고 할 수 있다. (참조 요일 4:8)

3. 예수님이 보여 주신 하나님의 모습이 여러분이 평소에 생각하던 하나님의 모습과 어떻게 다른지 토론해 보자. 또한 우리가 어떻게 하면 예수님을 닮아갈 수 있는지에 대하여 토론해 보자.

제7장
하나님의 형상과 자유의지

우리는 하나님의 형상이라는 개념을 배울 때에 하나님의 인격의 본질은 사랑이었음을 알게 되었다. "하나님은 사랑이시라"(요일 4:8). 그런데 사랑이라는 개념은 독립된 인격을 가지고 있음을 전제로 하고 독립된 인격은 양심을 가지고 결정할 수 있는 주체를 말한다. 우리는 독립적 인격을 가지지 못한 존재, 예를 들어 로봇이나 기계로부터 사랑과 비슷한 외관을 가진 섬김과 보살핌을 받더라도 참 사랑을 느끼지 못한다. 사랑은 독립한 주체간의 참된 교제이다.

또한 독립된 주체는 스스로 양심에 따라 선악을 판단하

고 결정할 수 있음을 말한다. 그래서 인간의 자유의지야말로 하나님의 형상의 본질에 속한 부분이라고 말할 수 있다. 그러나 이 자유의지에 대하여 많은 오해가 있으므로 우리는 이 개념에 대한 정확한 이해를 가져야 한다.

1. 현대인들의 목표는 모든 속박에서 벗어나서 자유로운 삶을 추구하는 것이다. 그러나 이러한 목표가 가능한가? 인간이 인간으로서 벗어날 수 없는 한계를 생각하면서 인간의 자유의 범위를 토론해 보자.

2. 신명기 30장 11-20절을 주의 깊게 읽어 보자.

(1) 하나님은 우리에게 무엇을 명령하고 있는가? (30:16)

(2) 우리 앞에는 어떠한 선택이 놓여 있고 각각의 선택의 결과는 어떠한가? (30:15-20)

(3) 하나님의 명령은 너무 높고 어려워서 인간이 이를 순종하는 것은 불가능하다고 불평하는 사람들이 있다. 하나님은 이러한 불평에 대하여 어떻게 말씀하시는가? (30:11-13)

(4) 위 구절의 말씀으로 비추어 보면 하나님은 우리 앞에 복과 저주, 생명과 사망을 놓고 우리가 선택하도록 하셨고, 그 선택의 결과에 대하여 책임을 지게 하신다는 것을 알 수 있다. 그렇다면 우리는 우리에게 주어진 자유를 무엇을 위하여 사용해야 하는가?

3. 각 피조물은 지음을 받은 원래의 목적과 방법대로 살아야 가장 자유롭다. 물고기는 물에서 자유롭고, 공중을 나는 새는 창공을 솟아오를 때에 자유함을 느끼고, 초원의 왕 사자는 초원에서 뛰어다닐 때 가장 행복하다. 그렇다면 사람은 어떤 목적으로 지음을 받았고 또 어떠한 때에 가장 자유로움을 느낄 수 있는지, 사람의 창조목적과 관련하여 생각하고 토론해 보자. (제2장 및 제3장 참조)

4. 갈라디아서 5장 13-15절을 읽고 묵상해 보자.

(1) 하나님이 우리를 부르신 목적은 무엇인가?

(2) 우리는 어떤 때에 부자유스럽고 어떤 때에 가장 자유스러운가?

(3) 위 본문에서 말하는 자유가 오늘날 현대인들이 말하는 자유와 그 추구 방법이 어떻게 다른지, 또 위 본문이 제시하는 자유가 어떻게 우리를 참으로 자유케 하는지 생각하고 토론해 보자.

제8장

죄와 하나님의 형상

인간이 하나님의 형상을 지니고 있다고 하지만 현실 속에 나타난 인간의 모습은 하나님의 형상이라기보다는 오히려 사탄을 더 닮았다고 말할 수밖에 없을 때가 있다. 최근 치정과 돈에 얽힌 참혹한 살인사건, 나치의 유태인 6백만 명 학살, 종족간의 잔인한 인종청소 등 크고 작은 사건들을 볼 때에 과연 사람이 하나님의 형상을 가지고 있는지 의문이 들지 않을 수 없다.

그럼에도 성경은 인간은 여전히 하나님의 형상을 지니고 있음을 굳게 견지하고 있다. 현재의 그런 잔인한 모습은 하나님이 원래 예정한 것이 아니고, 죄가 들어와서 망쳐놓은 것이라고 말한다. 그러나 아무리 죄가 들어왔다고 하더라도 하나님의 형상을 완전히 지우지는 못한다. 죄가 어떻게 인간 속에 있는 하나님의 형상을 왜곡시켰는지 안다면 우리는 다시 하나님의 형상을 회복할 수 있는 길을 찾을 수 있을 것이다.

1. 현대는 인류 역사상 과학문명과 물질문명이 최고도로 발달한 시대이다. 물질적으로 본다면 참으로 풍요로운 시대이고, 마음만 먹으면 무엇이든 할 수 있을 것으로 보인다(물론 돈도 있어야 하겠지만…). 그러나 이러한 물질적 풍요로움에도 불구하고 범죄는 줄어들지 아니하였고, 오히려 도덕적 타락은 심해졌다. 물질문명이 가져온 도덕적 타락의 예를 제시하고 그 이유가 무엇인지를 토론해 보자.

2. 인간의 이러한 부패와 타락에 대하여 창조주 하나님은 어떻게 생각하시는지 다음의 구절을 찾아 확인해 보자.

(1) 창세기 6장 5-7절

(2) 에스겔 7장 3-9절

(3) 시편 103편 8절

(4) 디모데전서 2장 4절

3. 위 구절에서 하나님은 인간의 죄악에도 불구하고 긍휼을 베푸시고 또 우리 모두가 구원받기를 원하신다. 그것은 우리가 타락하였음에도 불구하고 하나님의 형상을 지닌 존재임에는 변함이 없기 때문이다. 인간이 죄를 범하여 타락하였음에도 여전히 하나님의 형상을 지닌 존재라는 사실을 다음의 구절을 통하여 확인해 보자.

(1) 창세기 5장 1-3절

(2) 창세기 9장 5-7절

(3) 야고보서 3장 8-10절

4. 인간의 전적 타락은 칼빈주의의 중요한 교리로 받아들여지고 있으나 이 교리가 인간은 완전히 타락하여 하나님의 형상을 완전히 상실하였다는 의미는 결코 아니다. 인간은 타락하였음에도 여전히 하나님의 형상을 소유하고 있어 선악을 분별하고(도덕성), 예술적 재능을 보유하여 창조적 활동을 하고 있다.

그러나 인간의 본성은 죄악을 좋아하는 마음으로 왜곡되어 혼자의 힘으로는 도저히 하나님의 선하심에 도달할 수 없고 그래서 구원받을 수 없는 상태에 이렀음을 인정해야 한다.

이러한 교리에서 잘못 이해하고 있었던 부분을 토론하고, 인간에게 남아 있는 하나님의 형상으로 이웃과의 관계에 어떠한 태도를 취해야 하는지에 대하여 나누어 보자.

제9장

죄의 기원

기독교의 진리를 이해하기 위해서는 하나님의 형상이라는 개념과 아울러 죄의 개념에 대한 이해가 필요하다. 하나님의 형상을 지닌 인간이 현재의 모습으로 타락한 것은 하나님의 원래 의도가 아니고 하나님의 뜻에 반하여 죄가 세상에 들어왔기 때문이다.

하나님께서 인간을 창조하실 때에 자기의 형상을 따라 아름답게 지었다면 죄는 어디서부터 왔는가? 이 문제는 참으로 중요한 문제이다. 죄가 어디서 왔는지 안다면 우리는 그 해결책을 찾는 첫걸음에 들어선 것이라고 말할 수 있다.

1. 물질주의에 영향을 받은 현대인들은 죄란 국가 또는 사회 관습이 정한 것이고, 따라서 그것은 상대적일 수밖에 없고 절대적 의미에서의 죄란 존재하지 않는다고 주장한다. 이러한 주장에 의하면 인간을 어떻게 설명할 수 있는지 그리고 인간과 다른 동물이 어떻게 다를 수 있는지에 대하여 토론해 보자.

2. 창세기 3장 1-6절을 주의 깊게 읽어 보자.

(1) 뱀이 여자에게 어떻게 충동질하는가? (3:1, 4~5) 또한 이 뱀의 배후에는 누가 있는가? (참조 계시록 20:2)

(2) 뱀의 충동질을 받은 여자는 어떻게 하나님의 계명을 왜곡하여 해석하고 있는가? (3:2~3, 참조 2:16~17)

(3) 뱀의 유혹을 받은 여자는 마음에 어떠한 동요를 일으키고 있는가? 이러한 동요로 볼 때에 죄가 어디서 온다고 말할 수 있는지를 제8장에서 배운 인간의 자유의지를 중심으로 토론해 보자.

(4) 선악을 알게 하는 나무의 열매를 먹은 여자는 자기의 남편인 아담에게 어떻게 하고 있는가? (3:6) 아담이 이와 같이 하와의 말에 쉽게 동조한 이유는 무엇인가?

3. 창세기 3장 7~19절을 읽어 보자.

(1) 열매를 먹어 눈이 밝아진 아담과 하와가 어떤 행위를 하고 있는가? 또한 그들이 그와 같은 행위를 한 이유는 무엇인가? (3:7) 여기서 눈은 육신적인 눈을 말하는 것이 아니라 정신적인 또는 영적인 눈을 말한다. 그러나 이들이 실제로 눈이 밝아졌다고 생각하는가? 밝아졌다면 어떤 면에서 밝아졌는지에 대하여 토론해 보라. (참조 마 6:22~23, 13:14~15)

(2) 하나님의 계명을 어기고 열매를 먹은 그들과 하나님 사이의 관계가 어떻게 변질되었는지 설명해 보자. (3:8, 참조2:8, 22)

(3) 사람과 사람 사이의 관계는 어떻게 변질되었는가? (3:16, 참조 2:23~24)

(4) 사람과 자연 사이의 관계는 어떻게 변질되었는가? (3:17~19 참조 2:9)

(5) 결국 하나님의 계명을 어기고 선악을 알게 하는 나무의 열매를 먹음으로써 자기 자신, 하나님, 사람과 사람, 사람과 자기 자신과의 분리가 일어났다. 이러한 분리는 죽음 또는 죽음의 증상이라고 말할 수 있다. 우리 주위에 이러한 죽음 또는 죽음의 증상이 어떻게 나타나고 있는지 토론해 보자.

4. 이상 이 과에서 배운 것을 토대로 죄는 어디서 왔는지, 그 결과는 무엇인지를 토론해 보자.

제10장

죄의 확산

인류의 조상 아담과 하와가 범죄하여 인간의 모든 관계는 뒤틀려졌고, 성경은 이를 사망이 지배한다 또는 사망이 왕 노릇한다고 표현한다. 하나님은 인류의 미래에 대하여 여자의 후손인 하나님의 백성과 뱀의 후손인 하나님의 대적들의 대립관계로 전개될 것이라고 말씀하셨고(창 3:15), 죄는 급격하게 확산되어 인류 사회를 지배하고 있다. 진실로 현대문명은 하나님을 배제하고, 인간이 세계의 중심에 들어서고자 하는 욕망 위에 세워진 점에서 죄악의 극단을 보게 한다.

이 과에서는 죄가 어떻게 인류 사회에 급속하게 퍼져나갔고, 사람을 지배하고 있는지 살펴본다.

1. 현대문명의 특징의 하나로서 인간 중심의 문화를 들 수 있다. 인간 중심의 문화는 인간을 존중하고 자유롭게 하는 긍정적인 면이 있지만, 인간이 창조주가 아니라는 점에서 현실세계와 충돌되는 면이 있음도 부인할 수 없기 때문에 인간 중심의 문화에는 일정한 한계가 설정되어야 한다. 인간 중심의 문화의 장점과 단점, 그리고 그 한계는 어떻게 설정되어야 하는지에 대하여 토론해 보자.

2. 창세기 3장 22~24절을 주의 깊게 읽어 보자.

(1) 하나님의 계명을 어기고 선악을 알게 하는 나무의 열매를 먹은 결과 인간의 사고체계에 어떠한 변화가 일어났는가? "선악을 아는 일에 우리 중 하나같이 되었다"(3:22)는 말의 의미가 무엇인지를 중심으로 토론해 보자.

(2) 하나님께서 사람을 에덴동산에서 추방한 이유는 무엇인가? (3:22~23) 만일 선악을 알게 하는 나무의 열매를 먹은 사람이 생명나무도 함께 먹는다면 무슨 일이 일어날까?

(3) 생명나무로 가는 길은 어떻게 막혔는가? (3:24) 하나님께서 이를 막으신 것은 때가 되면 열기 위함이다. 성경의 마지막 책인 요한계시록 22장 1~5절을 읽고 이 생명나무가 무엇을 의미하고 어떻게 그 길이 열리는지에 대하여 토론해 보자.

3. 생명나무로 가는 길이 막혔다는 것은 인간이 참된 생명이신 하나님께로 나아가는 길이 막혔음을 의미한다. 인간은 처음 창조되었을 때에는 하나님과 친밀한 교제 가운데서 참 생명을 공급받아 살도록 되어 있으나 범죄로 말미암아 이러한 교제가 끊어졌고, 아담 이후로 출생한 사람은 원죄로 말미암아 이러한 조건 속에 태어나서 결국 죽음을 맞이하게 된다. 로마서 5장 12~13절을 읽고 다음의 물음에 답해 보자.

(1) 본문에서 모든 사람이 죄를 지었다고 선언하는 이유는 무엇인가?

(2) 사망은 무엇 때문에 온 것인가?

(3) 현대 형벌은 자기 책임의 원칙, 즉 어느 누구도 다른 사람이 지은 죄에 대한 책임을 지지 않는다는 법원칙에 입각해 있다. 본문에서 말하는 원죄가 이러한 형벌의 원칙과 어떻게 다르고, 그 이유는 무엇이라고 생각하는지 서로 토론해 보자.

4. 인간은 홀로 고립되어 사는 존재가 아니라 함께 어울려 사는 공동체적인 존재이다. 공동체가 고통하면 함께 고통하고, 공동체가 행복하면 함께 행복하다. 인간의 이러한 공동체성을 생각하면서 인간에게 범죄가 확산되는 경위에 대하여 토론해 보자.

제11장

죄와 죽음

사람은 누구나 예외 없이 반드시 죽는다. 유한한 존재는 시작이 있으면 끝이 있기 마련이다. 그러나 하나님은 최초의 인간인 아담과 하와에게 생명의 근원인 하나님과의 교제 속에서 하나님으로부터 나오는 생명을 누리며 살 수 있도록 은혜를 베푸셨다. 그런 의미에서 최초의 인간에게 하나님이 영생을 선물로 허락하셨다고 말할 수도 있다.

그렇다면 지금 인간이 겪고 있는 사망은 하나님의 원래 의도가 아니다. 사망은 죄에 대한 벌이라고 선언하고 있는데, 사망 즉 죽음이 무엇인지 안다면 그 해결책을 찾을 수 있는 단초를 마련한 것이다.

1. 물질주의자들은 사망이 존재의 멸절, 즉 존재하는 생명이 더 이상 존재하지 않는 것이라고 생각한다. 그러나 아무리 물질주의자라고 할지라도 인간의 죽음 너머에 무엇이 있는가 하는 궁금증을 없앨 수는 없다. 인간은 왜 이렇게 죽음 이후의 세계에 대해 궁금증을 가지고 있고, 그것을 알려고 추구하는지에 대하여 토론해 보자.

2. 마태복음 10장 26~33절을 주의 깊게 읽어 보자.

(1) 예수님은 두 종류의 죽음에 대하여 말씀하고 계시는데, 각각 어떠한 죽음인지에 대해 설명해 보자.

몸

영

혼

(2) 창세기 2장 17절에서 하나님은 아담에게 선악을 알게 하는 나무의 열매를 먹는 날에는 반드시 죽는다고 말씀하셨지만, 아담은 그 열매를 먹고도 즉시 죽지 않았다. 그러나 인간은 이미 죽음을 향해 달려가고 있다. 마치 뿌리가 꺾인 꽃이 일시적으로는 여전히 아름다움을 자랑하지만 시간이 지남에 따라 시드는 것과 마찬가지이다. 이것이 위 두 종류의 죽음을 이해하는 데 어떻게 도움이 되는지 토론해 보자.

(3) 이러한 두 종류의 죽음이 있음을 안다면 현재의 삶에 어떠한 태도를 취해야 할지 본문을 중심으로 토론해 보자.

3. 누가복음 16장 19~31절을 주의 깊게 읽어 보자.

(1) 부자와 거지 나사로의 이 세상에서의 삶과 죽음 이후에 삶의 모습이 어떻게 다른지 설명해 보자.

(2) 무엇이 그들의 사후 세계를 그렇게 갈라놓았다고 생각하는지 토론해 보자. (참조 누가복음 12장 21절)

(3) 음부에서 고통하는 부자의 간청은 무엇인가? 또 그의 간청이 받아들여지지 않는 이유는 무엇인가?

(4) 위 말씀을 기초로 오늘날 사후 세계를 부인하는 사람들의 마음 깊은 곳, 곧 그들의 내면의 정서에는 무엇이 도사리고 있다고 말할 수 있는지 토론해 보자.

4. 히브리서 9장 27절을 여러 번 읽어 보고, 이 구절에 의하면 사망은 우리 인간에게 어떤 의미를 가지고 있는지 토론해 보자.

5. 성경은 죽음을 결코 존재의 멸절이라고 말하지 않고 다른 차원의 세상으로 들어가는 것이라 표현한다. 우리는 이 세상뿐만 아니라 다가오는 세상을 위하여 어떤 삶을 살아야 할지 토론해 보자.

제12장

하나님의 형상 회복

우리는 지금까지 인간은 하나님의 형상을 따라 창조되었지만 죄로 인하여 하나님의 형상이 왜곡되고, 이로 인하여 인간 자신뿐만 아니라 피조물 전체 세계가 사망이 지배하고 있는 혼돈과 파괴를 경험하고 있음을 배웠다.

인간을 향한 하나님의 궁극적인 뜻은 우리가 다시 하나님의 형상을 회복하여 삼위일체 하나님의 교제 속으로 들어가게 하는 것이다. 인간은 그리스도 안에서 다시 회복될 것이고, 이후의 영광은 지금이나 처음 창조 때와는 비교가 되지 않을 것이다. 어거스틴은 처음 인간은 범죄할 수 있었지만 나중 인간은 범죄하려 해도 할 수 없을 정도로 영광스러운 모습으로 회복된다고 표현했다.

1. 우리는 천국이라는 말을 떠올릴 때에 모든 곳이 풍요로운 곳이기 때문에 아무 일도 하지 않고 먹고 즐길 수 있는 곳이라고 생각하기 쉽다. 그러나 이러한 천국에 대한 개념이 성경이 말하는 천국과 어떻게 다른지에 대해 토론해 보자.

2. 요한복음 3장 1~15절을 주의 깊게 읽어 보자.

(1) 예수님은 우리가 어떻게 해야 하나님의 나라에 들어갈 수 있다고 말씀하시는가? 또 이것은 니고데모의 생각과 어떻게 다른가? 또한 여러분이 지금까지 생각해왔던 것과 어떻게 다른지에 대해서도 토론해 보자.

(2) 3장 5절에서 '물과 성령'으로 거듭나야 한다고 말씀하신 것에 대하여 성령을 지칭하는 것은 명백하지만 물이 무엇을 상징하는지에 대하여는 논란이 분분하다. 그러나 궁극적으로는 성령으로 거듭나야 함을 강조한 것이라고 볼 수 있다. 성령으로 거듭난다는 것은 무엇을 의미하는지에 대하여 토론해 보자.

(3) 위 본문에서 성령으로 거듭나기 위해 우리가 무엇을 해야 하는지에 대하여 토론해 보자. (참조 3:16~17)

3. 십자가에서의 대속적인 죽음을 통해 우리의 구원을 이루신 예수님은 우리에게 성령을 약속하셨다. 성령님은 우리에게 무슨 일을 하시는지 다음의 구절들을 통해 알아 보자.

(1) 예레미야 31장 33절

(2) 에스겔 12장 19절

(3) 에스겔 36장 25~27절

(4) 요한복음 16장 13~15절

(5) 로마서 8장 1~2절

(6) 고린도전서 12장 3절

4. 이상에서 배운 바를 토대로 우리가 하나님의 형상을 회복한다는 것은 어떤 의미를 가지는지, 또 그와 같이 하나님의 형상을 회복하기 위하여 어떻게 해야 할지에 대하여 토론해 보자.

사람을 변화시키는 성경공부 시리즈

기독교 인간관

2014년 9월 15일 인쇄
2014년 9월 20일 발행

지은이 | 심동섭
발행인 | 이형규
발행처 | 쿰란출판사

주소 | 서울특별시 종로구 이화장길6(이화동)
TEL | 02-745-1007, 745-1301~2, 747-1212, 743-1300
영업부 | 02-747-1004, FAX / 02-745-8490
본사평생전화번호 | 0502-756-1004
홈페이지 | http://www.qumran.co.kr
E-mail | qrbooks@gmail.com
| qrbooks@daum.net
한글인터넷주소 | 쿰란, 쿰란출판사

등록 | 제1-670호(1988.2.27)

책임교열 | 오완

값 5,000원

ISBN 978-89-6562-677-0 93230